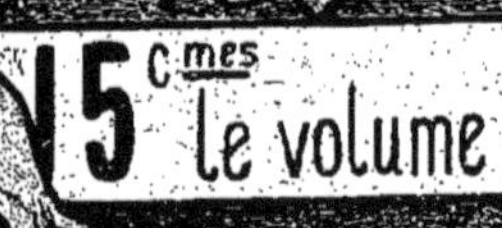

RÉCITS
DES GRANDS JOURS
DE L'HISTOIRE
DIRECTEUR PAUL GAULOT
15 c.mes Le volume
Riquet
ET LE
Canal du Languedoc
PAR
M. de la Lande
No 40
Il paraît un volume chaque Semaine
HENRI GAUTIER éditeur 55 quai des Grands Augustins PARIS

Récits des Grands Jours de l'Histoire

Directeur : PAUL GAULOT

CONDITIONS DE VENTE :

DANS NOS BUREAUX
ET CHEZ LES LIBRAIRES
Le volume : 15 centimes

Rendu franco par la poste
1 VOLUME 20 C. | 2 VOLUMES 35 C.
25 VOLUMES 4 FR.

Écrire à M. HENRI GAUTIER, éditeur, 55, *quai des Grands-Augustins*
PARIS

Il paraît un volume par semaine.

VOLUMES EN VENTE

Riquet et le Canal du Languedoc

PAR

M. de la LANDE

Il a été souvent question, en ces dernières années, de la création du Canal qui unirait l'Océan et la Méditerranée, et permettrait à notre flotte de passer d'une mer dans l'autre, en évitant les longs détours et la forteresse de Gibraltar. Après de sérieuses études, une commission, composée de gens compétents, a déclaré l'œuvre impraticable : parce que le grand tirant d'eau des navires de guerre actuels obligerait à donner au Canal une profondeur considérable ; parce que les différences d'altitude imposeraient le système à écluses, et que, dans ces conditions, on n'arriverait point à trouver une masse d'eau suffisante pour rendre navigable en tout temps cette nouvelle voie ; enfin parce que la cherté du terrain dans cette partie de la France, jointe à la cherté de la main-d'œuvre, exigerait des sommes tellement énormes qu'il serait impossible, quel que fût le transit, de rémunérer ce capital.

Nous ne discuterons point ces conclusions, faute de compétence ; nous nous bornerons à montrer ce qui a été fait sous Louis XIV, avec des moyens et des ressources fort restreintes, pour la création du Canal du Languedoc, qui, en reliant la Méditerranée à la Garonne, unissait par le fait les deux mers, mais par une voie trop étroite, trop peu profonde pour la rendre accessible aux grands bâtiments. Cette œuvre, si belle et si grande, surtout lorsque l'on considère l'époque à laquelle elle fut entreprise, est due au génie de Pierre-Paul de Riquet, baron de Bonrepos. — P. G.

[1]

PRÉFACE [1]

« Le canal de communication des mers en Languedoc, qui a été la première occasion de cet ouvrage, et qui en forme la partie la plus intéressante, est une des merveilles de l'industrie humaine. « Presque au centre de l'Europe, « entre l'Océan et la Méditerranée, la France joint par sa « position et son étendue, aux forces d'une puissance de « terre, les avantages d'une puissance maritime. Elle peut « transporter toutes ses productions d'une mer à l'autre « sans passer sous le canon menaçant de Gibraltar, et sous « le pavillon insultant des Barbaresques. Un canal, préfé- « rable au Pactole, verse les richesses de ses plus riantes « provinces dans les deux mers, et les trésors des deux « mers dans les plus belles provinces. Aucun peuple « navigateur n'a joui d'une communication si prompte et « si facile entre ses ports par ses terres, et entre ses terres « par ses ports. » (*Histoire philosophique et politique du commerce des Européens dans les deux Indes*, tome V, p. 108.) C'est ainsi que s'exprime l'auteur d'un de nos ouvrages les plus philosophiques et les plus exacts, en parlant du canal de Languedoc, que nous devons à la magnificence de Louis XIV, au zèle du grand Colbert et des États du Languedoc, et au génie de M. de Riquet de Bonrepos. C'est en effet une des entreprises les plus étonnantes des hommes; celui qui en conçut l'idée et qui put s'en promettre l'exécution, fut un de ces génies dignes du siècle de Louis XIV (2), et le grand Colbert, qui en proté-

---

(1) Les pages qu'on va lire sont extraites de l'ouvrage de La Lande, professeur royal de mathématiques, censeur royal des Académies de France, d'Angleterre, de Hollande, de Suède, de Russie, d'Allemagne et d'Italie, ouvrage intitulé : *Des Canaux de navigation et spécialement du Canal de Languedoc.*

(2) Pierre-Paul de Riquet, seigneur de Bonrepos, était né à Béziers en 1604; il employa les plus belles années de sa vie à combiner le grand et bel ouvrage qui

gea l'exécution, malgré d'immenses difficultés physiques et morales, mériterait par cela seul, l'immortalité.

« Louis XIV ne pouvait manquer de saisir une idée si grande et si belle. La gloire d'une entreprise qui surpassait tout ce qu'on avait fait dans ce genre, se joignait à une suite d'avantages immenses ; aussi ne fut-il rebuté ni par les dépenses, ni par les circonstances les plus contraires à de pareilles entreprises.

« Pendant que les travaux du canal de Languedoc se poursuivaient avec le plus d'ardeur, le Roi était occupé de la guerre contre l'Empereur, contre l'Angleterre, la Hollande, la Franche-Comté, la Flandre ; il gagna sur terre les batailles de Senef et de Cassel, et sur mer la bataille de Palerme ; enfin il força toutes les puissances de l'Europe à recevoir la paix par le traité de Nimègue en 1679.

« Mais on sentait vivement les avantages qui devaient résulter de la construction du canal en temps de guerre comme en temps de paix, soit pour les provinces méridionales, soit pour le royaume entier, et l'on prévoyait dès lors ce qu'on éprouve depuis un siècle. Cette communication garantit le commerce des dangers de la mer ; une multitude de bestiaux qui étaient employés à des voitures, le sont actuellement à la culture des terres, et en cas de disette dans le Languedoc ou dans la Garonne, on y fait passer aisément les denrées nécessaires pour subvenir à tous les besoins de ces provinces.

« Le commerce entre le haut et le bas Languedoc est devenu plus facile ; le haut Languedoc, qui abonde en blé, en répand dans toute la partie inférieure, qui en manque ; celle-ci y envoie des vins, et tout ce qui arrive du côté de Lyon, les étrangers qui font le commerce et le transport de leurs marchandises d'une mer à l'autre, enrichissent la province ; on transporte avec sûreté et facilité les sels pour l'approvisionnement des greniers du haut Languedoc ; on distribue en Guienne et ailleurs les huiles de la Provence et du bas Languedoc.

« On importe par le canal les laines d'Espagne pour

devait enrichir sa patrie à jamais ; guidé par son génie naturel, il suppléa aux connaissances qui lui manquaient sur la géométrie et sur l'hydraulique ; il conçut et exécuta le canal de communication des mers sans études préliminaires.

La grandeur du plan, la vérification qu'il en fit lui-même par des moyens que son génie seul lui suggéra, les obstacles qu'il eut à vaincre à la cour et dans la province, sa constance, son patriotisme et ses succès, tout annonce en lui un des hommes les plus extraordinaires du xviie siècle. Ce qui doit achever son éloge, c'est qu'il était aussi un des hommes les plus vertueux. Il mourut le 1er octobre 1680, laissant deux fils et trois filles.

alimenter les manufactures du Languedoc, qui travaillent pour les échelles du Levant. Les munitions de guerre se transportent avec promptitude et sûreté dans le Roussillon, la Catalogne, la Provence et l'Italie ; on en a surtout éprouvé l'utilité dans la guerre de 1741 à 1748, où les dangers de la mer se seraient fait sentir dans l'approvisionnement des provinces méridionales, sans la facilité du canal.

« Enfin les marchandises de toutes espèces des foires de Beaucaire et de Bordeaux se trouvent communes à deux parties du Royaume, qui jusqu'alors n'avaient presque aucune communication entre elles.

« C'est ce qu'exprime assez bien la médaille qui fut frappée en 1667 à l'occasion du canal. On y voit Neptune qui frappe la terre ; un fleuve d'eau se répand à droite et à gauche. Légende : *Maria juncta* (Jonction des mers). Exergue : *Fossa a Garumna ad portum Litium* (Canal allant de la Garonne au port de Cette) 1667.

« Le grand Corneille célébra aussi cette entreprise par les vers suivants :

> La Garonne et l'Atax (1) dans leurs grottes profondes,
> Soupiraient de tout temps pour voir unir leurs ondes
> Et faire ainsi couler, par un heureux penchant,
> Les trésors de l'Aurore aux rives du Couchant ;
> Mais à des vœux si doux, à des flammes si belles
> La nature, attachée à ses lois éternelles,
> Pour obstacle invincible opposait fièrement
> Des monts et des rochers l'affreux enchaînement.
> France, ton grand Roi parle, et les rochers se fendent,
> La terre ouvre son sein, les plus hauts monts descendent ;
> Tout cède, et l'eau qui suit les passages ouverts
> Le fait voir tout puissant sur la terre et les mers.

L'Atax veut dire l'Aude ; il y a un écrivain qui a substitué le Tarn à l'Atax, faisant pas attention que le Tarn tombe dans la Garonne.

COLBERT

Dessin de Mignard, gravé par Edelinck (Collection du Cabinet des Estampes)

HISTOIRE DU CANAL

« La France, par sa formation, a l'avantage de dominer sur l'Océan et sur la Méditerranée, et de pouvoir étendre son commerce au Nord et au Midi. Par la différence des climats entre ses provinces septentrionales et méridionales, elle a une variété de productions naturelles qui fournit à ce commerce et à une concurrence générale.

« Mais le défaut de communication facile entre le Nord et le Midi de la France, entre ses côtes sur l'Océan et sur la Méditerranée, l'empêchait de jouir de tous ses avantages. Avant la construction du canal de communication des mers Océane et Méditerranée en Languedoc, on ne pouvait aller de l'une à l'autre que par le détroit de Gibraltar. Cette navigation de 1200 lieues tout autour de l'Espagne, exposée aux Pirates et aux naufrages, éloignait et rebutait les commerçants ; on l'évitait le plus qu'il était possible.

« Les avantages et la nécessité d'un canal pour faciliter le commerce des deux mers, étaient trop frappants pour n'être pas aperçus, même dans les siècles les plus reculés. Tacite nous apprend (Annales, livres XIII, chapitre 53) que les Romains voulurent faire travailler vers l'an 18 après Jésus-Christ à une communication entre l'Océan et la mer du Nord, mais ce n'était pas du côté du Midi.

« Dans les Mémoires du Languedoc, faits par M. de Bâville, intendant de la province, on lit que le canal avait été projeté du temps même de Charlemagne ; mais cela se doit entendre encore de l'idée générale de la jonction des deux mers (1).

« Il était réservé au règne de Louis XIV, ce règne si fécond

(1) Il y eut des projets proposés sous François Ier, Charles IX, Henri IV et Louis XIII.

en grands hommes dans tous les genres, de voir reprendre
un projet abandonné si souvent, et d'en surmonter tous
les obstacles. Pierre-Paul de Riquet, seigneur de Bon-Repos,
d'une ancienne famille noble, originaire de Provence, fut
celui qui eut non seulement la hardiesse de former cette
entreprise, mais encore le courage de la suivre, et le bonheur
de l'exécuter. Il avait un génie rare, et la nature seule l'avait
fait géomètre. La fierté de Louis XIV se portait naturellement
à de grandes choses, et le zèle du grand Colbert à des entreprises importantes ; avec de pareils secours, M. de Riquet
crut devoir tout espérer, et il en fit la proposition. Ce fut
en 1660, suivant les Mémoires du Languedoc, que la matière
fût examinée sérieusement, et qu'on discuta les idées de
M. de Riquet. Il semble que le génie de ce grand homme
se fût préparé depuis longtemps à cette grande entreprise :
j'ai ouï dire qu'on voyait, dans ses châteaux du Petit Mourave
et de Bonrepos, des conduites d'eaux, des écluses, des aque-
ducs, des épanchoirs, et même une montagne percée.

« On avait reconnu depuis longtemps que le terrain de
Naurouse était le sommet le moins élevé entre la Méditerranée et l'Océan, et, par conséquent, celui où devait passer
le canal. On avait remarqué dans ce même terrain de petites
fontaines dont les unes versaient leurs eaux du côté de la
Méditerranée, les autres du côté de l'Océan ; d'un côté le
vallon d'une petite rivière qui descend dans celle de Fresquel
et va au Levant dans la Méditerranée, de l'autre le vallon du
Petit Lers, qui se jette dans la Garonne au-dessous de Toulouse. Ces deux rivières ont leur source à la tête des deux
vallons, à quelques centaines de toises l'une de l'autre. Il
n'était donc plus question que de trouver des eaux suffi-
santes et supérieures à ce point de partage, qui pussent y
être amenées pour se distribuer de ce point, à volonté, vers
l'Océan ou vers la Méditerranée. C'est ce qui occupa d'abord
M. de Riquet. Il alla souvent se promener dans la Montagne
Noire, d'où découlaient de petites rivières qui se jetaient à
droite et à gauche de cette Montagne ; il se faisait accom-
pagner de Maître Pierre, son fontainier, fort entendu dans
les nivellements ; ce Maître Pierre était fils d'un fontainier
nommé Campmas, de la ville de Revel.

« M. de Riquet reconnut qu'en interceptant le cours
d'une rivière nommée Alzau, au lieu appelé Cals, on pourrait en détourner les eaux dans une rigole, dont il nivela ou
fit niveler le cours, pour arriver auprès du village des
Campmazes, et il reconnut en même temps qu'au bas de

la montagne, dans la plaine de Revel, on pourrait détourner le cours des eaux de la rivière de Sor dans une rigole qui irait depuis Revel jusqu'à Naurouse; il vit que la rigole de la montagne pourrait aisément recevoir en chemin les eaux de plusieurs ruisseaux, Alzau, Bernassone, Lampy, Lampillon et Rieutort ou Riotor; que cette rigole pourrait se dégorger à un lieu appelé *Conquet*, vis-à-vis le vallon de Durfort, dans la rivière de Sor, et continuer à travers le territoire et la montagne des Campmazes pour se mêler avec les eaux du ruisseau de Laudot, aller remplir un magasin de réserve, qui pourrait être construit dans la partie supérieure du vallon de Vaudreuil, au lieu appelé *Saint-Ferréol;* enfin, que, de ce réservoir, les eaux pourraient descendre dans la partie basse du vallon de Vaudreuil, et aller rejoindre la rigole qui amenait les eaux du Sor depuis Revel, et que cette jonction pourrait se faire au lieu appelé *Las Tomases.*

« L'objet le plus important pour M. de Riquet était de rassembler ces eaux au point de partage, et il ne s'occupa longtemps que des moyens de les y réunir en assez grande quantité. Pour conduire ensuite ces eaux réunies jusqu'à la Garonne, il avait trois projets sur lesquels il ne s'était pas déterminé, parce qu'ils étaient tous également praticables.

« Le premier était de faire un canal navigable depuis le point de partage jusqu'à la rivière d'Agout, de rendre également cette rivière navigable jusqu'à la pointe de Saint-Sulpice, où elle se dégorge dans le Tarn, qui depuis cet endroit est navigable jusqu'à la Garonne, où il va se jeter près de Moissac. Mais ces rivières sont sujettes à de grandes inondations, et la navigation en est d'ailleurs très difficile, surtout lorsqu'il est question de les remonter. M. de Riquet avait donc médité sur un second moyen : c'était de faire un Canal depuis le point de partage jusqu'au ruisseau de Giroult, qui se dégorge dans celui de Lers, et de rendre l'un et l'autre de ces ruisseaux navigables jusqu'à la Garonne, où tombe le Lers, à trois lieues au-dessous de Toulouse.

« Le troisième projet, auquel il donna la préférence, était de creuser un canal depuis le même point de partage, et de le conduire en abandonnant les ruisseaux de Giroult et de Lers, jusqu'à la Garonne, près de Toulouse, et presque dans les fossés de cette ville.

« Quant à la conduite des mêmes eaux depuis le point de partage, vers la Méditerranée jusqu'à la Robine de Nar-

bonne, son projet fut de faire un canal jusqu'à la rivière de
Fresquel, en la rendant navigable, ainsi que celle d'Aude qui
la reçoit dans son lit, et de continuer par la Robine jusqu'à
la mer. C'est ainsi qu'on le voit dans la carte du Canal par
M. de Fer, publiée en 1669. Mais dans l'exécution, ce dernier
projet ne fut pas suivi en entier : M. de Riquet trouva qu'il
valait mieux éviter ces deux rivières, dont la navigation est
trop inégale et incertaine. C'est aussi par erreur que dans
le bel ouvrage des médailles de Louis XIV, on fait passer
le Canal par la rivière d'Aude. M. de Riquet communiqua
son plan en 1662 à M. d'Anglure de Bourlemont, archevêque
de Toulouse, qui le trouva immense, ou plutôt impossible ;
cependant il voulut visiter les lieux avec l'évêque de Saint-
Papoul. M. de Riquet accompagna ces deux prélats dans
leur visite, leur expliqua ses moyens sur les lieux, résolut
toutes leurs difficultés sur les obstacles qu'ils croyaient
entrevoir dans l'exécution du projet ; enfin il leur fit connaître
et sentir la possibilité de cette exécution.

« Après cette visite, le plan de M. de Riquet fortement
pensé, mûrement pesé et nettement exposé, fut présenté à
Colbert, alors contrôleur-général des Finances ; ce grand
ministre en fut étonné, il fit passer son admiration dans
l'âme de son Maître, qui était faite pour tout ce qui était
important et magnifique.

« Le verbal de vérification des Commissaires, et les plans
et devis dressés pendant la Commission ayant été présentés
à Louis XIV, M. de Riquet fut commis par arrêt du Conseil
du 17 mai 1665 pour faire travailler sous les ordres de
MM. de Bezons et Tubœuf, intendants de la province du
Languedoc, aux rigoles nécessaires pour faire l'essai de la
conduite des eaux, prendre soin des ouvrages et tenir la
main à ce que tout fût exécuté avec diligence et perfection.

« Mais comme les eaux ne pouvaient être conduites par
le moyen de ces rigoles sans passer dans les terres de plusieurs particuliers, MM. de Bezons et Tubœuf rendirent une
ordonnance le 5 juillet 1665, par laquelle, en ordonnant
l'exécution de l'arrêt du conseil du 17 mai précédent, ils firent
défense à toutes personnes d'y donner aucun trouble ni
empêchement, à peine de punition corporelle ; la même
ordonnance commit le sieur Talon de Maison-Blanche pour
contrôleur-général des dits ouvrages.

« M. de Riquet, pour cet effet, fit faire un canal en forme
de tranchée dans les mêmes lieux où l'on devait creuser les
rigoles de dérivation pour alimenter le canal. Cette tranchée

fut très adroitement conduite et très heureusement terminée,
quoique dans un pays scabreux, semé de précipices et
de rochers ; elle aurait été achevée dans le mois de
septembre 1665, sans les pluies abondantes qui tombèrent
au commencement de ce mois et qui le retardèrent jusqu'au
mois d'octobre.

« Ce fut le triomphe de M. de Riquet. On vit avec étonne-
ment qu'il pouvait forcer toutes les sources de la Montagne-
Noire à prendre un cours différent de celui que la nature
leur avait donné, et qu'il assurait par là le succès de
son entreprise, en les réunissant toutes dans un bassin
à Naurouse, pour les distribuer ensuite à sa volonté. Cet
essai et son heureux succès donnèrent occasion à divers
sonnets et autres pièces de vers, suivant l'usage de ce temps-
là.

« Le 8 novembre de la même année 1665, MM. de Bezons
et Tubœuf se rendirent à Revel, d'où ils partirent le lende-
main pour visiter et suivre la rigole ou le petit canal que
M. de Riquet venait de tirer depuis la Montagne-Noire
jusqu'à Naurouse.

« Après cette visite et le compte qui fut rendu au Roi
du succès de cette épreuve, S. M. ne pouvant plus douter
de la possibilité de l'exécution du canal de communication
des deux mers, ordonna que, par M. le chevalier de Clerville,
commissaire général des Fortifications de France, il serait
dressé un devis exact de ce qu'il y avait à faire pour l'exécution entière de ce projet.

« Dans le mois de décembre suivant, on dressa, par les
ordres de MM. de Bezons et Tubœuf, une relation parti-
culière et un plan géométrique de cette rigole et des lieux
où elle passait, avec des détails sur la nature du terrain.
L'auteur de ce rapport assurait n'être animé par aucun
esprit de jalousie ; mais il trouvait fort difficile que les eaux
de la Montagne-Noire, qu'il avait mesurées le 12 août précédent, et qu'il avait trouvées abondantes, pussent faire un si
grand espace de chemin pour se rendre au Naurouse,
surtout en été, et par un terrain si mauvais et si escarpé en
tant d'endroits, sans qu'il s'en perdît au moins un tiers.

« Pour remédier à cet inconvénient, il proposait d'aban-
donner les eaux de la Montagne-Noire, et de se servir des
ruisseaux de la plaine, qui, selon lui, étaient fort abondants,
même dans les saisons les plus sèches, ce qui aurait dimi-
nué la dépense. Il ne proposait cet expédient que d'après
les assurances que lui avaient données certains habitants

du pays, mais il est bien constant aujourd'hui qu'ils étaient dans l'erreur. »

An 1666
octobre [Enfin, après bien des difficultés qu'on devine et qui accompagnent toute tentative hardie et nouvelle, l'édit fut rendu au mois d'octobre 1666, accordant à Riquet l'autorisation de commencer les travaux du canal. Malheureusement Louis XIV, guerrier et fastueux, absorbait les ressources de la France soit dans des campagnes coûteuses, soit dans des constructions immenses (c'est vers cette époque qu'il ordonna l'édification du Palais de Versailles); il ne voulut donner aucun argent à Riquet. Pareillement les Etats du Languedoc refusèrent tout subside. Riquet était autorisé à entreprendre le canal *à ses frais*. Sa fortune ne pouvait suffire à une telle œuvre : il eut recours à divers expédients, et, si ce qu'en rapporte à ce sujet le baron de Besenval dans ses *Mémoires* est exact, il faut reconnaître que Riquet ne manquait ni d'esprit ni d'habileté. Voici l'anecdote :]

« Riquet présenta le projet de son canal à M. Colbert, qui l'approuva après un mûr examen et l'attache des gens les plus experts dans ce genre. Toute chose en règle, il ne fallait plus que de l'argent pour mettre la main à l'œuvre. Riquet demanda des avances : Colbert, en ce moment dans la détresse, lui dit que non seulement il était dans l'impossibilité de lui donner un sou, mais même qu'il ne pouvait l'aider de son crédit. Riquet ne se rebuta point, et eut recours à l'adresse. Il répondit au ministre que, puisqu'il ne pouvait venir à son secours, il imaginait un moyen qui infailliblement lui en procurerait, s'il voulait s'y prêter. Colbert lui demanda ce que c'était ; Riquet lui dit qu'étant occupé de renouveler le bail des fermes, il ne lui demandait que la permission de pouvoir entrer dans son cabinet, lorsqu'il y serait enfermé avec les gros bonnets de la ferme. Colbert y consentit.

« En effet, quelques jours après, le ministre ayant chez lui une assemblée de fermiers généraux, Riquet tourna la clef du cabinet, y entra, et s'assit dans un coin, sans dire mot à personne et sans que personne lui parlât. Il remarqua, comme il l'avait bien jugé, un peu d'inquiétude, sur les physionomies de ces messieurs, de le voir là. On devait juger qu'il n'usait de tant de liberté qu'à titre de ces gens que les ministres emploient quelquefois pour approfondir les choses ; surveillants toujours fâcheux pour des traitants, et qu'il leur importe de captiver.

« Au sortir de l'assemblée, il fut accosté par quelques-uns des fermiers généraux, qui cherchèrent à pénétrer d'où lui venait l'entrée du cabinet de M. Colbert, et à quelle fin il en usait. Il leur répondit assez froidement qu'il était bien aise de voir par lui-même comment les choses se passaient, et les quitta brusquement; ce qui les confirma dans l'opinion que Riquet avait la confiance du ministre et qu'il fallait le gagner.

« Les choses s'étant passées de même à une seconde assemblée, Riquet fut encore accosté après la séance. On ne lui fit plus de questions, mais on lui parla de son Canal, dont on exalta l'invention et l'utilité, et l'on finit par offrir de lui prêter 200,000 francs ; il répondit tout aussi brusquement que la première fois, en tournant le dos, qu'il n'avait pas besoin d'argent.

« Une telle réponse, en style ordinaire, signifie qu'en effet on ne veut point d'argent; mais, dans les circonstances pareilles à celles-ci, cela veut dire : *Ce n'est pas assez.* Les fermiers généraux le comprirent, et, à la sortie d'une troisième assemblée, ils proposèrent un prêt de 500,000 francs. Alors le visage de Riquet se dérida: il remercia beaucoup ces messieurs, en leur disant toutefois qu'il ne pouvait accepter leur proposition sans l'agrément du ministre; il rentra dans son cabinet, et lui rendit compte de ce qui venait de se passer. Colbert ne put s'empêcher de rire de la sottise des fermiers généraux et de l'adresse de Riquet : il dit à ce dernier qu'il pouvait prendre l'argent qu'on lui offrait. Ces 500,000 francs ont été les premiers fonds du Canal de Languedoc, un des plus beaux ouvrages qui soient sortis de la main des hommes, qui a procuré une fortune aussi immense à Riquet et à ses descendants, et non moins d'avantages et de richesses au Languedoc. »

[Pour permettre à Riquet de recouvrer les sommes qui allaient être dépensées, le Canal fut érigé pour lui et les siens en fief à perpétuité. (La perpétuité ne dura que jusqu'à la Révolution; l'émigration de M. de Caraman, descendant de Riquet, servit de prétexte pour la confiscation au profit de la nation.)

Les travaux commencèrent en 1666 et furent poussés avec activité par l'infatigable promoteur de cette œuvre.]

« L'ordre que M. de Riquet avait établi dans ses travaux contribuait beaucoup à les accélérer; aussi la première pierre du premier magasin d'eaux, appelé *Réservoir de*

<u>An 1667</u>
avril

Saint-Ferréol, fut posée au commencement du mois
d'avril 1667. Cette cérémonie fut faite avec pompe par
l'archevêque de Toulouse, l'évêque de Saint-Papoul offi-
ciant comme diocésain; M. de Riquet avait raison de cher-
cher les occasions de donner de la réputation à son ouvrage,
tant dans le royaume que dans les pays étrangers; en
conséquence, il désira que les deux premières pierres de
l'écluse qui est à l'embouchure du Canal dans la Garonne,
près la porte du Bazacle à Toulouse, fussent posées avec
la même pompe, savoir celle du côté droit par le Parlement
de Toulouse en corps et par la main du premier président,
et l'autre par les capitouls de la ville, et que M. l'archevêque de Toulouse officiât, suivi de tout son clergé; il en
témoigna son désir à M. Colbert; ce ministre écrivit à ce
sujet à M. le premier président et à M. l'Archevêque de
Toulouse, et la cérémonie fut faite au gré de M. de Riquet,
le 17 novembre 1667, c'est-à-dire 13 mois après le bail
d'adjudication. Nous croyons pouvoir placer ici la relation
qui en fut imprimée et envoyée par toute la France.

    « Une des plus glorieuses entreprises de notre grand
« Monarque et qui marque davantage la félicité de son
« règne, est celle du fameux Canal qui doit faire la commu-
« nication des mers, et dont Sa Majesté a confié la conduite
« au sieur de Riquet. L'ouverture s'en étant faite depuis
« longtemps à une portée de mousquet hors la porte de
« Bazacle, et l'écluse qui doit être à son embouchure dans
« la rivière étant prête à construire, il fut proposé aux
« capitouls de poser la première pierre aux fondements
« qui s'en doivent jeter; ce qui fut accueilli par eux avec
« beaucoup de joie, sachant avec combien de passion le
« Roi regarde ce grand ouvrage dont le succès doit immor-
« taliser sa gloire. Sur cela ils assemblèrent un conseil de
« bourgeoisie, où présida M. de Fieubert, premier président
« de ce Parlement, accompagné de trois commissaires du
« Parlement, et où l'on résolut de faire cette cérémonie
« au nom de la ville, et lui donner tout l'éclat possible. On
« commença par bâtir dans cette vaste prairie, qui s'étend
« le long de la rivière, une chapelle de 26 toises de lon-
« gueur sur 6 de largeur, qu'on tendit de riches tapisseries
« avec un autel paré de tous les ornements possibles.
« Toutes choses étant prêtes pour le 17 novembre, jour
« destiné à cette cérémonie, et M. l'archevêque s'étant
« rendu à cette chapelle, accompagné des évêques de Com-
« minges, de Lectoure et de Saint-Papoul, et suivi de son

« clergé, MM. du Parlement s'y rendirent aussi, et après
« eux, MM. les capitouls à cheval vêtus de leurs habits de
« cérémonie, précédés de leur main-forte et officiers, et
« suivis des anciens capitouls aussi à cheval. A 200 pas de
« la porte de la ville, ils rencontrèrent les travailleurs, au
« nombre de près de 6,000, qui s'étaient mis en ordre de
« bataille, ayant leur commandant à leur tête avec quantité
« de tambours. Tous les ordres ayant pris leurs places dans
« la Chapelle, la messe fut célébrée en musique par l'Ar-
« chevêque, après laquelle il fit la bénédiction des premières
« pierres, avec un incroyable concours de peuple, une
« cérémonie si extraordinaire ayant attiré quantité de
« monde des villes voisines. La plus grande partie de la
« marche de cette procession se fit dans le lit du Canal, qui
« était bordé de peuple de tous côtés, formait une espèce
« d'amphithéâtre, et donnait une idée des spectacles des
« anciens Romains. Etant arrivés au lieu du fondement,
« les sieurs de la Faille, chef du Consistoire, et de Mayenal,
« capitoul, ayant tous deux pris de la main de M. l'arche-
« vêque les deux pierres bénites, en offrirent une à M. le
« premier président qui la posa au fondement du côté
« droit, y mit du mortier qu'on lui présenta dans un
« bassin d'argent, avec une truelle de même métal, pendant
« que les deux capitouls posaient la leur de l'autre côté et
« de la même manière. Il fut jeté dans ces fondations
« des médailles de bronze qui représentaient d'un
« côté le Roi avec cette légende : *Undarum terræque*
« *potins atque arbiter orbis* (Maître de la terre et de
« l'orde, arbitre de l'Univers), et de l'autre, la Ville de
« Toulouse, un Canal qui se décharge dans la rivière par
« une écluse, avec cette autre légende : *Expectata diù*
« *populis commercia grandit.* (Il ouvre aux peuples les
« portes du commerce après une longue attente.)
« « Et ces mots au-dessus : *Tolosa utriusque maris empto-*
« *rium* (Toulouse, marché de l'une et de l'autre mer). Il
« fut épandu quantité de ces médailles parmi le peuple ;
« on en donna partout, et il en fut envoyé même dans les
« pays étrangers. A chacune des deux pierres jetées dans
« les fondements était enchâssée une lame de bronze, por-
« tant cette inscription, qui fut composée par M. Parizot :
« « *Ludovico XIV semper Augusto regnante, pruden-*
« *tissimi Joannis-Baptistæ Colbert comitis Consistoriani*
« *consiliis, Gaspard de Fieubert, princeps Senatûs am-*
« *plissimi, unà cum nobilissimis Capitolinis Germano La*

« *Faille et Petro de Maynial, consecratum ab illustris-*
« *simo Archipræsule Carolo d'Anglure de Bourlemont*
« *molem immensi alvei gemini maris commercio suffectur-*
« *sustentaturum saxum felicibus auspiciis, instante viro*
« *clarissimo Petro Riqueti, tanti operes inventore posve-*
« *runt, anno salutis instaur. MDCLXVII.*

Ce qui veut dire :

« Sous le règne de Louis XIV, toujours Auguste, le très
« sage Jean-Baptiste Colbert étant conseiller du roi, Gas-
« pard de Fieubert, président du très respectable Parlement,
« ainsi que les très nobles capitouls Germain La Faille et
« Pierre de Maynial, ont reçu des mains du très illustre
« archevêque Charles d'Anglure de Bourlemont, cette
« pierre destinée à servir de base au Canal, ouvrage
« immense construit pour réunir le commerce des deux
« mers, et consacrée sous d'heureux auspices en présence
« de Pierre de Riquet, promoteur d'une si grande œuvre,
« l'an du salut 1667.

« Pendant cette cérémonie, l'artillerie de la ville, qu'on
« avait placée sur le bord de la rivière, annonçait dans la
« campagne par de continuelles décharges la solennité de
« cette fête qui fût accompagnée de cris continuels de *Vive*
« *le Roi,* tandis que M. de Riquet faisait distribuer quantité de
« vivres et de vin à ses travailleurs. On remarque que les
« jours précédents, il avait fait un temps fort pluvieux et
« incommode, mais le ciel sembla favoriser cette fête par
« un prompt changement de temps : il fit un jour de prin-
« temps, ce que le peuple prit pour un heureux présage en
« faveur de l'entreprise. »

An 1670

« Au commencement de l'année 1670, la partie du canal,
depuis la Garonne jusqu'au lieu appelé du *Perrier,* était
finie. M. de Riquet y fit mettre l'eau, et s'en servit pour le
transport des matériaux qui lui étaient nécessaires. Cette
partie, ainsi que celle depuis le Perrier jusqu'aux Naurouses,
qui faisait l'objet de la première adjudication, aurait été
plus tôt finie, sans la nécessité où fut M. de Riquet de
refaire les écluses qu'il avait déjà fait construire, pour leur
donner une forme ovale au milieu de leurs bassins pour
les élargir afin de procurer un libre passage aux barques
appelées *Caponts* qui faisaient le commerce du Rhône, et
dont la largeur était de 16 pieds, et pour leur donner plus
de solidité.

novemb.

« Sur la fin de cette année 1670, et dans le mois de

novembre, le fils de M. de Colbert, accompagné de plusieurs
seigneurs et de M. de Riquet, visita le canal depuis Toulouse jusqu'à Agde, ainsi que Saint-Ferréol et les rigoles
de la montagne et de la plaine ; il témoigna de l'admiration
à la vue de tant de travaux ; il y avait déjà à cette époque près
de 144 toises de môle au port de Cette, une église, un
magasin pour le pain, les vivres et les poudres, un puits,
quatre forges, des écuries à mettre deux cents chevaux, et
le logement nécessaire pour M. de Riquet et ses employés.

« Tous les seigneurs qui composaient les Etats du Languedoc en 1670, furent passer les fêtes de Noël à Cette,
pour avoir le plaisir de voir les ouvrages de ce port, qui,
par les soins de M. de Riquet, eut bientôt la plus grande
réputation. En effet, le 27 avril 1671, il y avait 64 barques, An 1671
dont 28 en sortirent chargées de vin, du port de 2,000 ton-   27 avril
neaux ; 14 faisaient leurs chargements, et le soir du même
jour il en arriva au delà du double.

« Le 4 mai 1671, M. de Riquet fut obligé de solliciter une   4 mai
ordonnance de M. l'Intendant, qui enjoignit à tous les voituriers et charretiers circonvoisins du canal et des lieux où
l'on portait les matériaux pour ses ouvrages, de voiturer
par préférence ces matériaux, moyennant 20 sols par
lieue pour chaque charrette portant 22 quintaux, à peine
de répondre en leur propre et privé nom du retardement
des dits ouvrages.

« Le motif de cette ordonnance fut que les voituriers,
se prévalant du besoin pressant de MM. de Riquet, se faisaient extraordinairement payer chaque charroi ou voiture,
sans qu'ils voulussent mettre sur leur charrette la moitié
pesant de ce que leurs bestiaux pouvaient traîner.

« La route que le canal devait tenir, suivant le projet de
M. de Riquet et le devis de M. le chevalier de Clerville, se
trouvait éloignée de la ville de Castelnaudary ; ce n'était pas
que son passage près des murs de la ville fût absolument
impossible ; mais il était beaucoup plus dispendieux à cause
d'une longue excavation dans un grand circuit qu'il fallait
faire alors. Cependant les habitants de cette ville, qui
n'avaient aucune rivière, ni ruisseau pour le transport de
leurs denrées, sentant l'avantage qu'ils retireraient du passage d'un canal près de ses murs, en firent la proposition
à M. de Riquet, qui la communiqua à M. de Colbert, et
d'après l'approbation de ce ministre, il fut passé au traité
le 24 mai 1671, entre M. l'évêque de Saint-Papoul, et M. du   24 mai
Cap, juge-mage, députés par délibération générale de la

Ville, et M. Lontigué, procureur-fondé de M. de Riquet, par lequel il fut convenu que la ville de Castelnaudary donnerait 30,000 livres, au moyen desquelles M. de Riquet se chargea, sous le bon plaisir du Roi, de faire passer le Canal près de la dite ville, à un endroit appelé le *Pré de l'Etang*, où il ferait construire un port commode pour l'embarquement et le débarquement des marchandises.

« Ce traité fut autorisé par arrêt du Conseil du 14 octobre 1671. Cette ville de Castelnaudary, autrefois très petite, a reçu son agrandissement du passage du Canal près de ses murs, par la facilité qu'il a procurée à ses habitants pour le commerce de toutes les denrées dont cette contrée abonde. M. de Riquet profita avantageusement du vallon ou pré de l'étang, en le barrant pour en former un bassin, de près de 600 toises de tour, où il y avait 18 pieds d'eau au milieu, et dont on a depuis revêtu une partie en pierres de taille.

« Le Canal, depuis son embouchure dans la Garonne jusqu'à Naurouse, fut fini au commencement de 1672. M. de Froidour, écrivant le 6 mai 1671, disait : « En l'état que sont
« les travaux, il y reste si peu de chose à faire, que j'ose
« vous assurer que, dans le cours de cette année, ce Canal
« sera tellement achevé, que l'on pourra, sans aucun contre-
« dit, s'en servir pour la navigation. Cependant, si vous vou-
« lez écouter la plupart des gens du pays, vous n'en
« trouverez presque point qui ne vous soutienne que cette
« entreprise n'aura aucun succès; car, outre les préjugés de
« l'ignorance, plusieurs en parlent par chagrin, peut-être
« parce que, pour faire le Canal, on leur a pris quelque
« morceau de terre dont ils n'ont pas été dédommagés au
« double ou au triple, selon qu'ils se l'étaient proposé. Il y
« a d'ailleurs des esprits bourrus qui vous diront la même
« chose parce qu'ils sont accoutumés à désapprouver et à
« décrier tout ce qui s'entreprend d'extraordinaire. Il s'en
« trouve même d'assez mal tournés pour en parler mal
« par l'envie et la jalousie qu'ils ont contre le mérite et
« le bonheur du sieur de Riquet. Et enfin, comme il y a
« peu de personnes en cette province qui soient versées
« en ces sortes de matières, et ayant l'intelligence de ces
« travaux, plusieurs n'en parlent que comme ils en enten-
« dent parler aux autres ; et, parce qu'il y a toujours des
« mécontents, ces ouvrages ne manquent pas de trouver
« des contradicteurs. Après que l'on a vu que la rigole a
« porté les eaux de la Montagne-Noire au bassin de Nau-

« rouse, que, depuis ce bassin, on pouvait faire des canaux
« jusques aux sources des rivières, qui de part et d'autre
« communiquent à la mer, et que l'on pouvait continuer
« les mêmes canaux le long des rivières ou se servir de ces
« rivières mêmes, en les élargissant, et y faisant les tra-
« vaux nécessaires ; après que toutes ces choses ont été
« palpables et sensibles, personne n'a plus douté de la
« prospérité de l'entreprise. Tout le venin s'est porté alors
« du côté des travaux, et on les a décriés de telle sorte
« que c'est une espèce de merveille de trouver un homme
« qui ne soit pas prévenu de l'impression que cette entre-
« prise ne réussira jamais. Malgré les préjugés de l'igno-
« rance et de l'envie, l'eau de la rigole ayant rempli cette
« partie dans moins de dix jours, au mois de janvier 1673, *An 1673 janvier*
« quatre des plus grandes barques de la Garonne furent à
« Naurouse, et revinrent à Toulouse chargées de différentes
« marchandises pour plusieurs particuliers, et notamment
« des denrées de M. le premier président de Toulouse,
« venues de sa terre de Montesquiou, et sur la fin du mois
« de janvier, M. l'archevêque de Toulouse s'embarqua à
« Naurouse pour se rendre dans sa capitale. »

« Les marchands de Gaillac, qui n'avaient pas trouvé du
côté de Bordeaux à vendre leurs vins, se servirent du Canal
pour les débiter dans le Lauraguais, et on y établit une
barque réglée qui venait de Toulouse trois fois la semaine
à Naurouse. M. de Froidour, dans sa lettre du 26 février 1672,
ajoute que si le Canal avait été ouvert du côté de la Méditerranée comme du côté de l'Océan, la Provence aurait tiré
cette année-là plus d'un million par le débit de ses grains
dont il y avait défaut à Malte, en Sicile et dans plusieurs
parties de l'Italie. Aussi la réputation de cette grande entreprise s'étendit jusque dans l'étranger, comme on le voit
dans les transactions philosophiques de la Société Royale
de Londres, année 1669 et année 1672.

« M. l'Intendant voulant faire une visite exacte des travaux
du Canal, se transporta à Cette, le 16 Mai 1673 ; il visita avec *16 mai*
M. de Riquet les ouvrages de ce port ; il continua sa route le
long du canal jusqu'à Toulouse, après avoir examiné les eaux
de Saint-Ferréol et des Rigoles ; il se rendit ensuite au châ-
teau de M. de Riquet, à Bon-Repos, où était l'Evêque de Saint-
Papoul, et ils dressèrent ensuite le mémoire de cette visite.

« Suivant ce mémoire, qui contient l'état des travaux à
cette époque, le bassin de Naurouse, était non seulement
tout excavé, mais entièrement revêtu de pierres de taille, ce

qui rendait cet ouvrage solide et d'une grande beauté. L'excavation du canal depuis ce bassin jusqu'à Castelnaudary était achevée, et l'on travaillait fortement aux neuf corps d'écluses nécessaires pour établir la navigation dans cette partie au mois de novembre suivant, et la joindre à la partie faite de Naurouse jusqu'à Toulouse, qui était navigable depuis le commencement de l'année précédente, et quant au surplus de l'excavation, depuis Castelnaudary jusqu'à Tréber, il ne restait qu'environ 4,500 toises à ouvrir.

novemb.

« Cette excavation avait été retardée parce qu'il n'avait pas encore été décidé si l'on ferait passer ou non le Canal près de Carcassonne. Il y avait pour cela plusieurs choses à examiner, et l'on observa dans ce mémoire que le Canal pouvait y passer, que même la ville en pouvait tirer quelque avantage pour son commerce ; mais la ville de Carcassonne aurait été obligée de contribuer à la dépense qui aurait été nécessaire pour détourner la route du Canal, et le rapprocher des murs de Carcassonne ; on trouva sans doute que cette augmentation de dépense ne serait pas compensée par les avantages qu'en pourraient retirer les commerçants de Carcassonne. Le Canal passant par la route naturelle, à 800 toises des murs de la ville, cet éloignement ne peut jamais faire un objet de grande dépense, parce qu'il serait toujours nécessaire de charger sur des charrettes les denrées qu'on voudrait retirer ou porter au Canal, soit à cent pas, soit à 800 toises de la ville.

« Tandis que ces difficultés occupaient M. de Riquet à Carcassonne, il ne perdait pas de vue le port de Cette et l'embouchure du Canal : la jetée ou peirade qu'il avait fait construire à travers l'étang de Frontignan, fit voir les avantages que le commerce en retirerait par la facilité d'aboutir de Montpellier et de Frontignan, jusqu'à la montagne de Cette, précédemment inaccessible, et qui, depuis la construction du port, pouvait devenir, comme M. de Riquet l'avait prévu, une ville considérable. Le Roi, afin d'augmenter et de fortifier le commerce de Cette, en y attirant un plus grand nombre d'habitants, et leur procurant un séjour libre

30 novemb.

et agréable, permit, par arrêté du Conseil du 30 novembre 1673, à toute personne, de bâtir et construire des maisons au port de Cette, vendre et débiter toutes sortes de marchandises et denrées avec exemption de tout péage.

« M. de Riquet avait presque entièrement achevé les deux jetées du port de Cette, en exécution de son bail, au moyen de quoi ce port devenait une retraite assurée pour les vaisseaux, bâtiments et barques, où ils pouvaient se mettre à couvert des tempêtes et autres accidents ; la communication de la mer à l'étang de Thau et de cet étang au Canal ne souffrait plus aucune difficulté ; mais, soit par les éboulements et vuidanges des rochers qui bordaient ce port, et que l'on avait fait sauter avec des pétards pour en tirer les pierres nécessaires à la construction du môle, soit par l'effet des vents et autres causes naturelles, il s'était formé successivement et peu à peu, depuis le commencement du travail, un banc de sable qui arrêtait les eaux de la mer et attirait d'autres sables ; ces dépôts auraient pu dans la suite occuper la capacité du port, et rendre inutiles toutes les dépenses qui y avaient été faites. On espérait, à la vérité, que les courants que le vent de terre formerait, et la compression des eaux dans le Canal qui devait communiquer de l'étang à la mer, contribueraient beaucoup, après que les dits bancs seraient enlevés, à maintenir dans ce port un fond d'eau convenable, et à empêcher l'amas de nouveaux sables. Cependant le Roi commit M. le chevalier de Clerville pour dresser un devis de ce qu'il convenait de faire pour la perfection du port, le curement des sables, l'ouverture du Canal de l'étang à la mer, et autres ouvrages, et ordonna que M. de la Feuille irait visiter les ports de Gênes et de Savone, afin de connaître mieux la manière dont on les entretenait, et la qualité des ouvrages qu'on y avait faits pour empêcher l'amas des sables.

« M. de la Feuille, après avoir exécuté les ordres du Roi, se rendit avec M. le chevalier de Clerville chez M. d'Aguesseau, où, après plusieurs conférences, et les mesures prises sur le port de Cette, il fut dressé un devis des ouvrages qu'il convenait d'y faire, d'abord le curement et nettoiement des sables, ensuite l'ouverture du Canal de communication de l'étang de Thau à la mer, une jetée ou estacade qui devait couvrir cette ouverture, un quai et une banquette, le long de la montagne, enfin une petite ouverture à faire entre le bout du grand môle et la montagne. Ces ouvrages furent publiés et affichés au rabais, et les moins dites reçues dans l'hôtel de M. d'Aguesseau, les 15 et 25 février ; 6, 12, 18, 24, 29 mars et 2 avril 1677. M. de Riquet, sous le nom du sieur Alazard qui fut le moins disant, offrit de se charger à forfait des ouvrages mentionnés dans le devis, moyennant la somme de 1,080,000 livres et de l'entretien de ces ouvrages pendant dix ans, à compter du jour qu'ils seraient reçus, moyennant 33,000 livres par année.

An 1677

26 avril

« Le bail lui en fut adjugé, et par arrêt du Conseil du 26 du même mois d'avril, le Roi confirma cette adjudication, et sur la demande de M. de Riquet, ordonna qu'il jouirait tant de la pêche du port de Cette, que de celle du Canal à ouvrir jusqu'à l'étang de Thau, de laquelle Sa Majesté lui accorda la propriété à perpétuité, moyennant la somme de 80,000 livres, qu'il serait tenu de précompter, suivant ses offres, sur le prix de son adjudication, et assigna le million restant sur les trésoriers des États de Languedoc, et sur les Fermes et Gabelles, pour lui être payé sur ordres particuliers de M. d'Aguesseau.

An 1679

« En 1679, M. de Riquet, poussant les travaux avec vivacité, sentait quelquefois les inconvénients que le trop bon prix de l'adjudication et l'erreur inévitable sur les devis lui faisaient éprouver ; souvent il y suppléait de ses propres fonds ; il ne cessait de travailler à la perfection de son Canal, et il espérait que la navigation y serait bientôt établie de l'un à l'autre bout. Mais il n'eut pas la satisfaction de voir exécuter cette navigation, l'objet et le terme de ses désirs ;

An 1680
1ᵉʳ
octobre

il mourut le premier octobre 1680.

« A cette époque, il ne restait à faire que 3 milles de canal près le Somail ; les fils de M. de Riquet, Jean Mathias de Riquet de Bonrepos, maître des Requêtes, et Pierre-Paul de Riquet, comte de Caraman, lieutenant au régiment des gardes françaises, depuis lieutenant-général des armées du Roi, son frère cadet, animés du même zèle que leur père, se hâtèrent de faire achever cet ouvrage et de mettre le canal en état de navigation.

« Dès que le canal fut achevé, M. de Bonrepos supplia le Roi de vouloir accorder la vérification et faire estimer en même temps les ouvrages extraordinaires et augmentations liquidées par l'arrêt de 1677, et ceux qui avaient été faits depuis cette époque, soit par M. son père, soit par lui-même, ce qui lui fut accordé. M. d'Aguesseau fut commis pour procéder à cette vérification, assisté de M. de la Feuille et du Père Mourgues, jésuite.

« D'un autre côté, les États du Languedoc, qui voyaient les avantages que la Province allait retirer de ce Canal, prièrent M. le cardinal de Bonzy, par leur délibération du mois de décembre de la même année, de donner ses ordres aux syndics généraux, afin d'annoncer par des affiches dans toutes les provinces du royaume, et dans les pays étrangers, la navigation du Canal, qui allait être établie.

« M. d'Aguesseau, le P. Mourgues et M. de la Feuille par-

RIQUET

tirent de Béziers le 2 mars 1681 ; ils firent la visite du canal à sec, jusqu'à son embouchure dans la Garonne, en suivant exactement les bords, et examinant avec soin les talus, les écluses, les chaussées, les épanchoirs et autres ouvrages ; ils visitèrent aussi le réservoir de Saint Ferréol et les rigoles de dérivation ; ils furent accompagnés dans cette visite par M. de Bonrepos, M. le comte de Caraman, son frère, M. le baron de Lanta, M. de Sombrail, trésorier de France, et les sieurs Andreossi, Gilade et Contigny, directeurs ou contrôleurs des ouvrages du canal.

« M. d'Aguesseau, pendant le cours de sa visite, donnait des ordres pour mettre l'eau partout, et dès que le canal fut rempli, il partit pour faire l'essai de sa première navigation. Il s'embarqua à l'embouchure de la Garonne le 15 mars 1681, sur une grande barque préparée exprès pour ce voyage, et et se rendit le 17 à Castelnaudary. Dans la route, il faisait sonder l'eau de cent en cent toises, et dressait le procès-verbal de l'état du Canal.

« M. le cardinal de Bonzy, qui était à la tête des Etats comme archevêque de Narbonne, voulut être témoin d'un succès aussi important pour la Province ; il se rendit à Saint-Papoul, accompagné des évêques de Béziers et d'Alais, du marquis de Villeneuve, baron des Etats, de MM. de Montbel, syndic-général de la Province, de Pujol et de Mariotte, secrétaire et greffier des Etats. M. d'Aguesseau alla les joindre avec sa compagnie, et ils revinrent tous ensemble le 18 à Castelnaudary, où l'embarquement fut fixé au jour suivant, après que l'on aurait fait la bénédiction des eaux du Canal. L'église de Saint-Roch, voisine du bassin et des écluses de Castelnaudary, fut préparée pour la cérémonie de la messe, et le départ de la procession ; le 19, M. l'évêque de Saint-Papoul, comme évêque diocésain, donna la bénédiction aux eaux du Canal, aux barques et à toute l'assemblée, et la cérémonie finit par le *Te Deum*, et par des prières pour le Roi, suivies d'acclamations universelles au bruit du canon de la ville de Castelnaudary et de la mousqueterie des habitants qui bordaient le Canal.

« Le cardinal et toute la Compagnie entrèrent dans la barque qu'on avait préparée : elle avait cinquante-sept pieds de long et douze de large, et elle était peinte par dedans et par dehors ; outre les deux chambres de proue et de poupe, il y en avait une au milieu de vingt-deux pieds de long pour la Compagnie, éclairée par six croisées, boisée et tapissée ; cette barque était suivie de deux autres pour les domestiques et pour les offices; et de vingt-trois barques de la Garonne chargées de diverses marchandises de France, d'Angleterre et de Hollande, pour lesquelles on se servait déjà de cette nouvelle route, afin d'aller vers la Méditerranée et se rendre à la foire de Beaucaire.

« La barque qui devait remorquer celle de M. le cardinal de Bonzy était construite en forme de galère; à l'arrière était une large galerie, où l'on avait placé des instruments de musique, violons, hautbois et trompettes. On arbora le pavillon blanc; un coup de canon fut le signal du départ, et l'on mit à la voile au bruit des instruments, du canon, de la mousqueterie et des cris de : « Vive le Roi. »

« On s'arrêta à la première écluse, où l'on servit un magnique dîner. On la passa ensuite avec beaucoup de diligence et de facilité, ainsi que toutes les autres, et l'on alla coucher à Villepinte, le 20 à Penautier, le 21 à Puicheric, et le 22 à Roubia; les traites étaient petites, parce que M. d'Aguesseau et le Père Mourgues continuaient de faire leurs observations avec la même exactitude, et que l'on voulait satisfaire la curiosité des peuples qui ne pouvaient se lasser d'admirer un spectacle aussi nouveau, et de voir passer une flotte en des lieux où l'on avait peine autrefois à trouver de l'eau pour les besoins de la vie.

« Le 23, la flotte s'arrêta à Capestang, et le 24, après avoir passé le Malpas, montagne percée pour le passage du Canal, l'on arriva aux huit écluses accolées de Fonseranne près de Béziers, et de là on descendit au niveau de la rivière d'Orb.

« Les habitants de Béziers s'étaient rangés par les bords de la rivière, du Canal et des huit écluses; la plupart étaient sous les armes en fort bon ordre, à pied ou à cheval. Ils témoignèrent leur joie par le bruit du canon, de la mousqueterie, des tambours, des fifres et des trompettes, et par des acclamations répétées. Les marchands avaient équipé une espèce de galère d'où ils firent leurs compliments; le présidial et les consuls firent aussi les leurs sur le rivage.

« M. le cardinal de Bonzy et les prélats quittèrent dans cette ville M. d'Aguesseau, qui continua la navigation avec le reste de la compagnie jusqu'à Agde. Il se rendit ensuite au port de Cette par l'étang de Thau qu'il traversa en trois heures de temps. Il fit le tour de ce port au bruit du canon, tant de la ville que des barques, qui s'y trouvèrent en grand nombre, et des décharges de la mousqueterie des habitants, qui ne pouvaient assez témoigner leur joie et leur reconnaissance envers le Roi pour l'achèvement du Canal et du Port.

« Cette première navigation fut annoncée dans le *Journal des Savants* du 30 juin 1681, où l'on donna en même temps une notice des parties les plus suprenantes de ce Canal, telles que le réservoir de Saint-Ferréol, le bassin de Naurouse, l'aqueduc de Répudre, et la voûte du Malpat. Quelques années après, on trouve dans le même journal de nouveaux éloges de cette grande entreprise. Pendant cette visite, M. d'Aguesseau procédait à l'estimation des travaux que M. de Riquet avait tenu de faire suivant les devis, et de ceux qu'il avait faits au delà des travaux utiles et nécessaires, tant au Canal et aux rigoles qu'au port de Cette. Il dressa le procès-verbal de cette estimation, à la suite duquel M. de Bonrepos fit un état du montant de tous ces ouvrages et supplia le Roi de vouloir bien lui en accorder le remboursement. Les nouvelles augmentations furent liquidées par arrêt du Conseil du 14 mars 1682; mais il fut rejeté de cet état 215,010 livres, que M. de Riquet avait avancées ou devait avancer pour achever le Canal; on décida que cette somme serait acquittée par le revenu futur de ce Canal. M. de Riquet y consentit, et fit sans peine ce nouveau sacrifice pour accélérer le succès de son entreprise.

« Dans cette première navigation, l'on observa qu'il y avait plusieurs ouvrages à rectifier, et quelques autres à ajouter encore pour la sûreté du Canal et l'avantage du commerce. M. de Bonrepos y fit travailler avec application et le tout fut fini dans le mois de décembre 1682.

« Le Canal fut d'abord fréquenté par un grand nombre de barques, et le commerce augmenta visiblement de jour en jour, si bien que l'ouvrage se trouvant en très bon état, le Roi ordonna de nouveau à M. l'Intendant de le visiter exactement et d'en dresser son procès-verbal, après une seconde navigation depuis le port de Cette, jusques dans la Garonne. M. d'Aguesseau la fit avec plus de scrupule encore que la première fois, depuis le 13 jusqu'au 28 juillet 1684; il dressa un procès-verbal qui a été imprimé en 48 pages in-4° et les travaux du Canal furent définitivement reçus. Son état fut fixé par cette vérification, et l'on régla pour toujours les principes de son entretien sur l'état où il fut trouvé lors de ce procès-verbal; mais cela n'a pas empêché les propriétaires d'augmenter considérablement les ouvrages propres à faciliter la navigation.

[23]

28
juillet

19
novemb.

« Après la visite du Canal terminée, le 28 juillet 1684, M. de Bonrepos présenta sa requête au Roi, en réception et décharge des ouvrages, et par arrêt du Conseil du 19 novembre 1684, Sa Majesté ordonna que les ouvrages de communication des deux mers, faits par M. de Riquet et M. de Bonrepos son fils, seraient tenus pour reçus, et en conséquence déchargea tant M. de Bonrepos que la succession de M. de Riquet, des travaux mentionnés dans les devis des marchés de 1666, 1669, 1677, ensemble des augmentations portées par la soumission du 9 août précédent. Cet arrêt fut revêtu de An 1685
16 mars lettres patentes, du 16 mars 1685. »

[Riquet n'avait pas eu la joie de contempler son œuvre achevée. Elle faisait l'admiration de tous. Vauban, qui visita le canal en 1684, ne put s'empêcher de s'écrier, à la vue du réservoir de Saint-Ferréol: « Il manque pourtant quelque chose ici: c'est la statue de Riquet ! »

Un contemporain lui fit cette épitaphe:

> Ci-gît qui vint à bout de ce hardi dessein
> De joindre des deux mers les liquides campagnes,
> Et, de la terre ouvrant le sein,
> Aplanit même les montagnes.
> Pour faire couler l'eau, suivant l'ordre du roi,
> Il ne manqua jamais de foi,
> Comme fit une fois Moïse.
> Cependant de tous deux le destin fut égal:
> L'un mourut près d'entrer dans la terre promise,
> L'autre est mort sur le point d'entrer dans son canal.

Riquet, en mourant, laissait deux millions de dettes. Le Canal avait coûté 17 millions. Ce n'est qu'à partir de 1724, qu'il produisit un revenu aux héritiers du grand homme, qui ne trouva de son vivant d'autre satisfaction que celle de travailler à une grande chose et de rendre à son pays un grand service. — P. G.]

Le Gérant : Henri GAUTIER.

Imp. de Vaugirard. G. de M. et Cie, 152, r. de Vaugirard. Car. et Vig. Doublet.